When you are drawing
from life from something
sitting right there in front of you.
There is problem with
too much information.
You are seeing more than
you can ever draw.

Prologue
그리면서 본다

런던 사우스켄싱턴에 있는 빅토리아·앨버트 박물관(Victoria and Albert Museum, 이하 V&A 박물관)은 세계 최대 규모의 예술·디자인 전문 전시관으로, 전 세계의 다양한 작품을 만날 수 있는 공간이다. 1852년 '모두를 위한 교실'을 모토로 설립된 이곳은 단순히 전시를 감상하는 데 그치지 않고, 배우고 관찰하며 창의적 영감을 얻을 수 있도록 설계되었다.

2008년 런던에서 나는 일러스트레이션을 공부하며, 관람객이자 창작자로 V&A 박물관을 자주 찾았다. 런던에는 시대별로 그림이나 조각을 전시하는 박물관이나 갤러리가 아주 많지만, 특이하게도 V&A 박물관은 '아름다운 물건'을 기준으로 전시하는 곳이다. 패션, 보석, 가구, 텍스타일, 세라믹, 유리, 금속, 건축, 사진, 일러스트, 조각, 드로잉 등 전시 분야도 매우 다양하다.

내가 이곳을 특별하다고 느끼는 이유 중 하나는 바로 독창적인 전시 방식 때문이다. 물건들이 단순히 진열되어 있는 것이 아니라, 종종 연극 무대처럼 조명을 받으며 극적으로 배치되어 있어 마치 내가 그 시대로 들어간 듯한 느낌을 준다. 또한 박물관 건물 자체가 19세기 건축의 정점을 보여준다. 화려한 천장, 벽의 조각, 스테인드글라스 창문들, 바닥의 패턴을 보는 것 자체가 즐거운 경험이다. 게다가 관람료가 무료이며, 지하철역에서 도보 6분 거리에 있다. 일상에서 쉽게 들를 수 있으면서도 창조적 영감을 받으며 하루를 보내기에 완벽한 장소다.

처음에는 박물관 자체에 매료되어 종종 방문했는데, 어느 날 문득 전시된 물건을 직접 그리고 싶다는 생각이 들었다. 그래서 스케치북을 들고 박물관에 가기 시작했다. 매번 마음에 드는 작품을 하나 골라서 그렸는데, 그림을 완성했을 때는 창작의 기쁨과 동시에 그 작품이 마치 내 것이 된 듯한 만족감이 따라왔다.

잘 그릴 필요는 없었다. 선이 삐뚤어도, 비율이 어긋나도 괜찮았다. 그리는 동안 대상에 집중하니, 눈으로는 작품의 세세한 정보를 발견할 수 있었고 그 순간의 공간과 분위기까지도 함께 기억하게 되었다.

아무리 아름다운 작품이라도 20분 이상 바라보는 일은 드물다. 하지만 드로잉을 시작하면 자연스레 20분이 흘렀고, 그 과정을 통해 단순히 '보는 것'을 넘어 '관찰하는 경험'을 하게 되었다.

이 책은 2008년, V&A 박물관에서 직접 그렸던 드로잉을 모은 기록이다. 그리고 동시에, 여행의 한 방법으로서 '드로잉'이라는 관찰 도구를 제안하고자 한다.

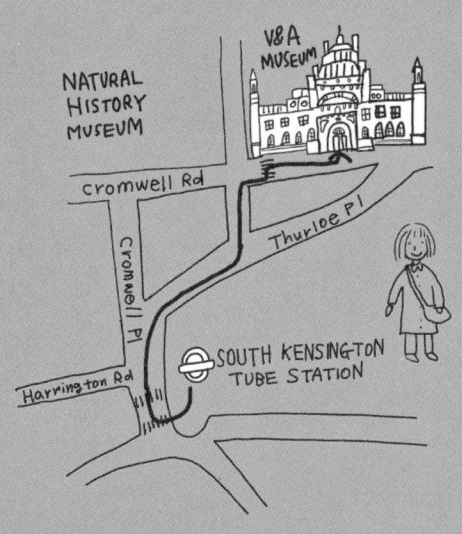

사우스켄싱턴역에서 V&A 박물관까지 0.3mile (480m) 도보 6분 거리이다.

그리면서 본다
런던 V&A 박물관에서 만난 새로운 여행 방법

초판 1쇄 발행 2025년 6월 18일
글·그림 이고은 | **편집** 황정혜 박경임 | **디자인** 패띵스(@seaflo_fatins)
교정·교열 박경임
펴낸이 황정혜 | **펴낸곳** 후즈갓마이테일
주문전화 031 955 6777 | **팩스** 02 6280 6498
주소 서울시 마포구 월드컵북로 98 202-133
출판등록 2015년 9월 17일 제25100-2016-000086호
홈페이지 www.whosgotmytail.com
이메일 whosgotmytail@gmail.com
인스타그램 @whosgotmytail

ISBN 979-11-90007-68-9 (03650)

이 책은 저작권법에 따라 보호받는 저작물이므로
무단 전재와 무단 복제를 금하며,
이 책 내용의 전부 또는 일부를 이용하려면
반드시 저작권자와 후즈갓마이테일의 서면 동의를 받아야 합니다.

· 값은 뒤표지에 있습니다.
· 잘못 만들어진 책은 구입하신 곳에서 바꾸어 드립니다.

글·그림 © 이고은 2025 All rights reserved.

그리면서 본다

런던 V&A 박물관에서 만난
새로운 여행 방법

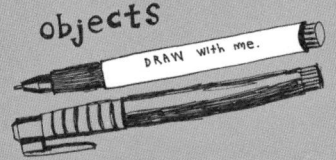

이고은

{Who's Got My Tail

Contents V&1

Prologue
- 02 그리면서 본다
- 08 20분 바라보는 드로잉 여행
- 10 준비물 리스트
- 12 일러두기

LEVEL 0
- 14 Dish from Spain / 페레르 가문 접시
- 16 Clock from France / 탁상시계

LEVEL 1
- 18 Lot's Wife / 롯의 아내
- 18 The Age of Bronze / 청동기 시대
- 18 St. John the Baptist / 세례자 요한
- 18 The Prodigal Son / 돌아온 탕아
- 22 Athlete Struggling with a Python / 파이선과 씨름하는 운동선수
- 26 Wedding Dress / 웨딩드레스
- 28 Brooch from India / 브로치
- 30 Brass Compass / 황동 나침반
- 32 Ewer with Floral Design / 꽃무늬 주전자
- 34 Suit of Armour in Domaru Style / 도마루 스타일의 갑옷
- 36 Jar from Korea / 삼국 시대 항아리
- 38 Śiva Naṭarāja / 시바 나타라자

LEVEL 2
- 40 Cabinet / 캐비닛

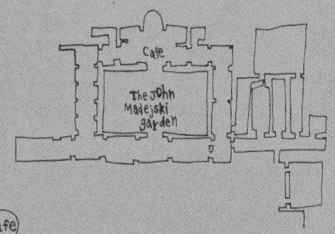

42 Cafe 카페

LEVEL 3

46 Hurdy Gurdy / 허디거디
48 Dining Before 1700 / 1700년도 이전 식기
50 Cruet Frame Set / 양념통 세트
52 Chair from Paris / 파리 의자
54 Bush Model DAC90 Radio / Bush DAC90 라디오
56 Reliquary Head of St. Januarius / 성 야누아리오의 머리 유골함
58 Portrait Miniature / 미니어처 초상화
60 The Londonderry Tiara / 런던데리 왕관
62 Frelange with Lappets / 레이스 머리 장식
66 Chair of Laminated Bentwood / 래미네이티드 벤트우드 의자
68 Panel / 칼 받침대 패널

LEVEL 4

70 Chair for the House of Commons, Palace of Westminster / 영국 하원 의원 의자
72 Commemorative Mug / 만국 박람회 기념 머그잔
74 Jardineres / 만국 박람회 중세관 화분
76 Plate / 빅토리아 여왕 즉위 50주년 기념 접시
78 Goblet / 장식 고블릿 잔

Epilogue

80 Gallery Stools / 갤러리 스툴

82 **그 밖의 물건들**

92 **V&A 박물관 찾아보기**

20분 바라보는 드로잉 여행

소개
이 여행 방식은 보통의 관광과는 조금 다르다. 오래 걷지 않아도 되고,
많이 보지 않아도 괜찮다. 한자리에 앉아 20분 동안 바라보고 그리기만 하면 된다.
장소는 박물관, 기차 안, 공원 나무 아래, 낯선 카페 등 어디라도 좋다.
그저 눈길이 멈춘 곳(예술 작품일 수도, 커피잔일 수도, 심지어 과자 봉지일 수도)이면 된다.
나는 런던의 V&A 박물관에서 이 '바라보는 드로잉 여행'을 시작했다.

무엇을 그릴까?

① **갖고 싶은 것**
갖고 싶은 것을 그리고 나면 마치 내 것이 된 것 같다.
물건은 못 가져도 드로잉은 당연히 내 것이고 나만의 멋진 기념품이 된다.

② **한번 그려 보고 싶은 것**
그려 보고 싶은 그 마음이면 충분하다. 손이 먼저 반응하는 것은 늘 옳은 출발이다.

③ **모양이 재미있는 것**
반복되는 무늬, 엉뚱한 형태는 손을 움직이는 재미가 있다.

④ **이야기가 떠오르는 것**
누가 만들었을까? 어떻게 여기에 오게 되었을까?
상상을 불러일으키는 물건은 그림을 그리는 동안 이야기를 이어 준다.

이런 분께 추천합니다

여행을 더 깊이 기억하고 싶은 분
여행 중 하루쯤은 천천히 걸어 보고 싶은 분
그리기에 소질은 없지만, 관찰하고 표현하는 재미를 느끼고 싶은 분
기념품 가게가 흥미롭지 않고, '나만의 여행 기념품'을 갖고 싶은 분
걷다 보면 체력이 금방 바닥나고, 20분 정도 앉고 싶다는 생각이 자주 드는 분

1. 느리게 걷기

2. 마음에 들어오는 것 찾기

3. 적당한 자리 구하기

4. 드로잉북 넘기며 뿌듯해하기

준비물 리스트

운동화와 편한 옷

바닥에 앉아서 그릴 때도 있다.
치마보다는 바지가 편하다.

가벼운 가방

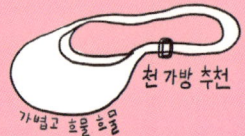

크로스 백이나 백팩.
드로잉을 하려면 두 손이 자유로워야 한다.

초콜릿과 사탕

드로잉에 집중하다 보면
갑자기 당이 떨어지고, 손이 떨린다.

물통

물을 가득 채우면
가방을 계속 메고 서 있을 때 무겁다.
물통 절반만 채우기를 추천.

펜

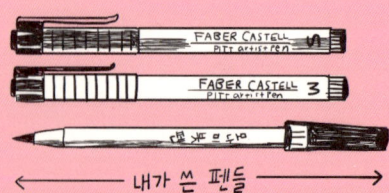

연필보다는 펜을 추천한다. 지우개는 필요 없다.
여행은 순간을 담는 것!
다양한 두께의 펜을 써 보길.
얇은 라인 펜 + 두꺼운 브러시 펜 조합도 좋다.

스케치북

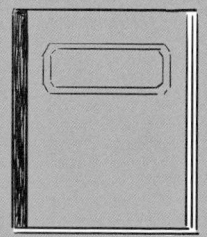

잘 펴지는 실 제본이나
링 제본 추천

스케치북이 너무 크면 주변을 의식하고
그림 실력을 자기 검열하게 되므로,
작은 A5 정도의 사이즈를 추천한다.

다른 사람이 보는 걸 즐기는 성격이면
A4 이상의 사이즈도 가능하다.
얇고 가벼운 15장 내외의 스케치북을 고르면
여행 중 한 권을 다 채우는 기쁨이 있다.

비싸지 않은 스케치북을 선택하자.
너무 비싼 스케치북은 그림을 망치면 안 된다는 압박을 준다.
마음이 먼저 편해야 손도 편하다.
종이 두께는 뒷장이 비치지 않는 150gsm 정도면 좋다.

편안한 마음

화장실은 미리 다녀오도록 한다.

일러두기

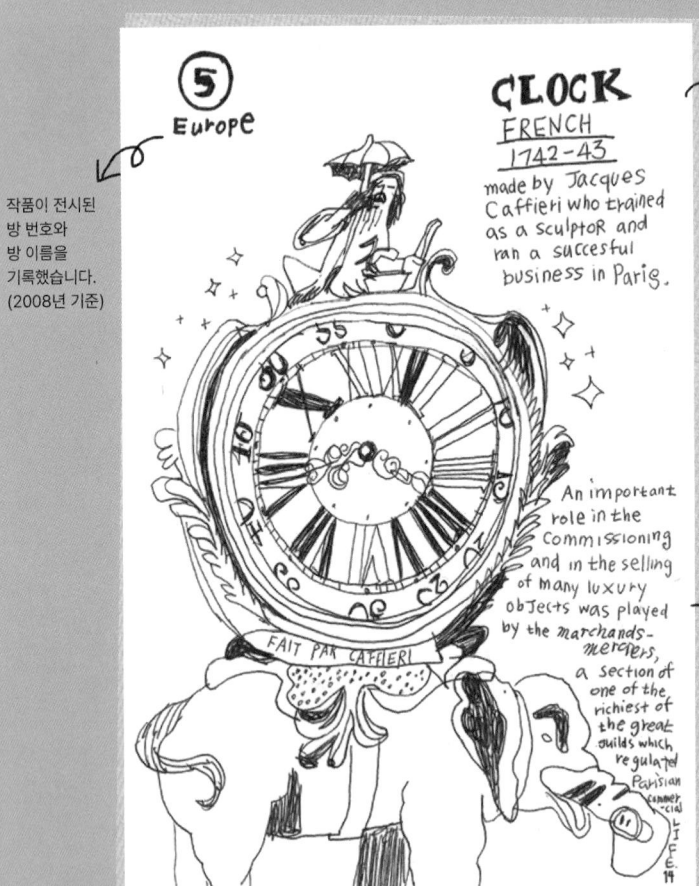

작품이 전시된 방 번호와 방 이름을 기록했습니다. (2008년 기준)

작품명, 지역, 시대, 간단한 설명으로 구성되어 있습니다.

작품 앞에 쓰여 있던 안내 글을 그대로 옮겨 적었습니다.

현장에서 집중해서 그리다 보니 맞춤법이나 영문 스펠링이 틀린 것들이 있네요. 조금 부끄럽지만 현장감을 보여 준다 생각해서 고치지 않았어요.

※ 변경된 작품명과 전시관 위치(2025년 6월 기준)는 권말의 '찾아보기'에 적어 두었다.
※ 정확한 작품 정보 및 사진은 권말의 '찾아보기' 속 큐알 코드를 통해 확인할 수 있다.

3C
EUROPE

DISH
SPANISH (Catalonia)
<u>1693</u> Painted with the Arms of Ferrer inscribed on the back "EER" in monogram

LEVEL0

스페인에서 만들어진 이 접시는 방패 그림 위에 손이 그려져 있다. '페레르' 가문의 문장이라고 한다. V&A 박물관에 수많은 접시가 있었지만, 이 접시를 그리고 싶었던 이유는 방패를 꽉 쥔 손의 모양이 마음에 들었기 때문이다. 붓으로 규칙적이면서도 자유롭게 그린 주변 패턴도 아름다웠다. 가문의 문장이 그려진 걸 보니 식사용은 아닌 것 같다. 페레르 가문의 집 한쪽 벽에 자랑스럽게 전시해 두었던 접시였을까? 그리면서 상상해 본다.

드로잉 여행 꿀팁

그러고 보니, 2008년엔 스마트폰이 없었다. 무엇인가 남기고 싶었던 나는, 그래서 그림을 그렸던 것 같다. 사진보다 느리고 어쩐지 부끄러운 방법이지만, 덕분에 이 그림들이 탄생했다. 드로잉 여행은 기술보다 용기다. 천천히 바라보고, 따라 그리면 된다. 기억하고 싶다는 마음은 그림이 된다.

페레르 가문 접시
Dish from Spain

18세기 프랑스에서 만들어진 이 탁상시계는 귀족의 주문으로 여러 장인이 함께 만든 작품이라고 한다. 코끼리 등에 커다란 시계가 있고, 그 위에 우산 쓴 원숭이가 올라가 있다. 어떻게 이런 시계가 탄생했을까? 당시 프랑스 귀족들은 이런 조합이 고급스럽고 이국적이라고 생각한 걸까? 아니면 엉뚱한 유머였을까? 지금으로 치면 팬더 등에 시계를 얹고, 그 위에 우산 쓴 코알라가 올라가 있는 셈이다. 어느 책에서 새로운 디자인 창조 방법의 하나로 '상관없는 것끼리 연결 짓기'를 배우긴 했는데….

드로잉 여행 꿀팁

'드로잉'은 그리는 동안 느끼고
생각하고 상상할 시간을 준다.
'시간을 들인 기록'이기 때문이다.
20분 동안 마음껏 누리자.

Clock from France 탁상시계

LEVEL0

CLOCK
FRENCH
1742-43

made by Jacques Caffieri who trained as a sculptor and ran a succesful business in Paris.

An important role in the commissioning and in the selling of many luxury objects was played by the *marchands-merciers*, a section of one of the richiest of the great guilds which regulated Parisian commercial LIFE.

St John the Baptist
Auguste Rodin, 1879

The Prodigal Son
Auguste Rodin, 1885-7

드로잉 여행 꿀팁

우연히 겹쳐 보이는 다른 오브제나 인물을 함께 그려 보자. 새로운 아이디어가 떠오른다.

Lot's Wife 롯의 아내
The Age of Bronze 청동기 시대
St. John the Baptist 세례자 요한
The Prodigal Son 돌아온 탕아

Sculpture Gallery

LEVEL 1

조각의 방에는 멈춰 있는 몸들이 극적인 자세를 취하고 있다. '롯의 아내'는 소금 기둥이 되어 돌아보는 찰나의 순간이 느껴지고, 로댕의 '청동기 시대'는 온몸으로 "날 좀 보소!"라고 외친다. '세례자 요한'은 천천히 걸으며 이야기를 전하고 있고, '돌아온 탕아'는 무릎을 꿇은 채 간절히 무언가를 바라고 있다. 나는 이들의 과장된 동작을 즐기며 삐뚤삐뚤한 선으로 스케치북에 담았다. 그런데 이 조각상들 사이에서, 과장이라고는 찾아볼 수 없는 한 사람이 눈에 들어왔다. 무표정한 얼굴로 동상처럼 앉아 있는 박물관 직원이었다. 나는 그 모습이 어쩐지 현대 조각품 같아서, 스케치북에 함께 그려 보았다.

배치. 눈높이와 보는 방향 고려
똑같은 형태라도 보는 시점에
따라 정말 다르게 보임

Athlete Struggling with a Python
Frederic, Lord Leighton, 1877
The struggle between man and snake recalled famous Roman sculpture Laocoön. but the representation broke away from the classicising forms of Victorian art in being more naturalistic and dynamic.

V&A 조각들
반복 되는 사람들의 still life
보다 dynamic

SCULPTURE

이 작품은 19세기 영국 조각가 레이턴의 '파이선과 씨름하는 운동선수'이다. 운동선수가 뱀과 겨루는 모습이 활기차고 생동감 있게 표현되었다. 나는 우연히 2층 테라스에서 아래를 내려다보다가 이 작품을 발견했다. 작품보다 그림자를 그려 보고 싶었는데, 그림자 때문에 작품이 더 드라마틱하고 긴장감 있게 느껴졌기 때문이었던 것 같다.

드로잉 여행 미션

햇빛이 강한 날, 혹은 조명이 센 공간에서 조금 높은 곳에 올라가 내려다보면서 그려 보자. 흥미로운 시선을 가질 수 있다. 게다가 내가 지나가는 사람들 눈에 덜 띄기 때문에 더 자신 있게 그릴 수 있다. (사실 사람들은 그림 그리는 나를 별로 신경 쓰는 것 같지 않지만…)

Athlete Struggling

LEVEL 1

파이선과 씨름하는 운동선수
with a Python

이 19세기 영국 드레스는 형태가 너무 빵빵해서, 누군가 그 안에 있을 것만 같은 느낌을 준다. 1790년대 영국에서는 세탁이 쉬운 하얀 면직물이 널리 사용되면서 신부가 하얀 드레스를 입기 시작했다고 한다. 그 당시 우리나라는 조선 시대였는데, 신부는 청색, 적색, 황색 등 화려한 오방색 예복을 입었다. 두 문화에서 결혼식에 상반되는 색을 쓰는 것이 흥미롭다. 그러고 보니 장례식에서도 조선 사람들은 하얀 삼베옷을, 영국 사람들은 검은 상복을 입었다.

Wedding Dress
웨딩드레스

LEVEL 1

Wedding Dress
1830-3 Britain or France

In the 1790s muslin became fashionable. Because muslin was easier to wash than silk, white became a practical option and women began to wear it for their marriage.

BROOCH

India 19th century

This style of jewellery was particularly popular with the British.

LEVEL 1

19세기 인도에서 만들어진 이 황금빛 브로치는 새와 식물, 인물 문양이 정교한 금박으로 장식되어 있다. 1851년 런던의 만국 박람회에서는 이국적 보물들이 큰 인기를 얻었고, 그를 바탕으로 V&A 박물관이 세워졌다. 지금도 박물관에는 인도뿐 아니라 이슬람·중국·일본·한국·히말라야·유럽 등 세계 각지의 보물이 모여 있다. 그 안에는 식민 지배 시절 약탈된 물품도, 외교적 선물도, 개인 수집가들이 구매한 작품도 뒤섞여 있다. 이 브로치는 19세기 영국의 식민지였던 인도에서 어떻게 여기까지 오게 된 걸까? 선물이었는지 약탈이었는지 알 수 없다. 20분 안에 새, 사람, 식물의 디테일을 그리기 어려워서 뭉뚱그려 그렸다. 그렇지만 브로치의 형태는 마음에 든다.

드로잉 여행 꿀팁

시간이 없다면, 혹은 귀찮다면
실루엣만 대강 그려 본다.

Brooch from India 브로치

나침반은 중국에서 처음 만들어져 13세기쯤 중동에 전해졌다고 한다. 중동에서는 나침반이 종교적인 용도로 쓰였다. 사우디아라비아의 메카에 이슬람 제1성지인 '카바'가 있는데, 이 카바의 방향을 알려 주는 것이 바로 '키블라 나침반'이다. 언제 어디서든 "메카는 저쪽!"이라고 정확히 가리키는 것이다. 19세기에 이란에서 만들어진 이 키블라 나침반은 19세기의 구글 맵이라 할 수 있겠다. 이슬람 문화의 문양과 글씨는 참 아름답다. V&A 박물관의 이슬람 중동관에 가면 카펫, 타일, 도자기 속에 정교한 패턴이 가득하다. 아름다운 문양들을 눈으로 좇으며, 지나간 자리를 선으로 남기다 보면, 머리와 마음이 잔잔해지는 기분이 든다.

드로잉 여행 꿀팁

엄청 복잡한 문양을 그릴 때는 스케치북은 보지 말고 대상만 바라보며 그려 보자. 분명 나만의 멋진 문양으로 재탄생할 것이다.

Brass Compass
황동 나침반

LEVEL 1

Brass Compass
<u>Iran</u>
<u>1800-75</u>
Originally employed in navigation, it was soon adapted for religious use to establish the direction of the Ka'bah in Mecca.

酒 44
China

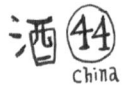

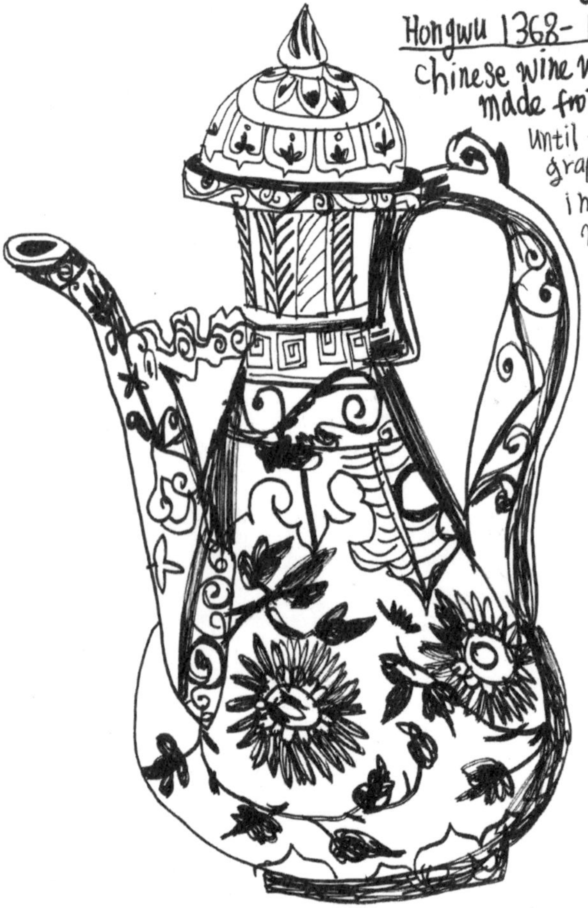

Ewer with
Floral design

Hongwu 1368- 1398

Chinese wine was
made from rice,
until the
grapevine was
imported via
middle East...
alon

LEVEL 1

'유어(ewer)'라는 이름이 영 낯설다. 중국관에서 본, 이 화려한 14세기 주전자는 술을 담는 용도였다고 한다. 그런데 설명을 읽어 보니, 병 이야기는 없고 술 이야기만 가득하다. 중국은 포도가 들어오기 전까지 쌀로 만든 와인을 마셨다고 한다. 나는 도자기를 그릴 때면 항상 사람의 몸이 떠오른다. 부드러운 곡선을 그리고, 그 위에 아무 생각 없이 장식을 얹는 일은 좋은 몰입이 된다.

Ewer with Floral Design
꽃무늬 주전자

JAPAN

18세기 일본의 갑옷을 보는 순간 압도되었다. 검은 천, 금빛 끈, 금속과 실이 여러 재질로 촘촘히 얽혀 있어 아름다우면서도 위협적이다. 적에게 두려움과 경외심을 동시에 불러일으키기 위한 미감이었을까? 얼굴의 검은 구멍을 바라보다 생각한다. 누가 이 갑옷을 입었을까? 겉으로는 힘이 느껴지지만, 그 안에는 두려움이 숨어 있었을까? 드로잉은 단지 보이는 것만 그리는 게 아니라, 보이지 않는 감정을 떠올리는 일이기도 하다.

드로잉 여행 미션

감정 단어를 찾아보자. 이 전시품 (물건)을 사용했을 사람의 감정을 상상하고 적어 보자. 더불어 그림을 그리는 나의 감정도 써 보자.

도마루 스타일의 갑옷

Suit of Armour in Domaru Style

LEVEL 1

SUIT OF ARMOUR IN DOMARU STYLE

Iron, gilded and silvered metal, polished rayfish skin, silk, leather and bear-fur, with gold lacquering.
Japan. 1799

The wheel of mallets of the helmet is the badge of Doi, a middle ranking family of daimyo (regional feudal rulers)

35

47호
KOREA

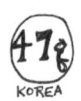

JAR

100-500, KOREA
Three Kingdom Period
Koguryo, Paekche and Silla.

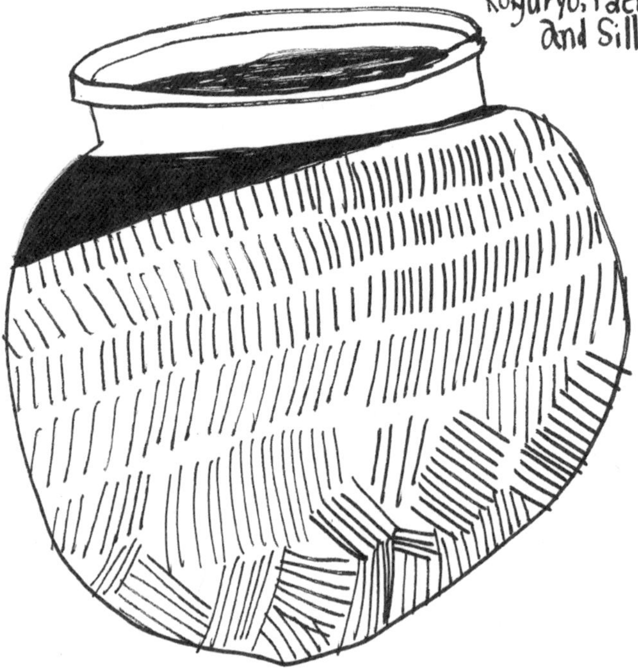

국사 주관식
단골 정답
; 빗살무늬토기

왓어 빗살무늬토기
인 코리아!

LEVEL 1

한국관은 다른 나라 전시관에 비해 담백하고 심심하다. 나는 그곳에서 기울어진 형태의 인간적인 도자기를 만났다. 그릴 때는 국사 주관식 단골 정답인 '빗살무늬 토기'인 줄 알았다. 그런데 설명을 읽어 보니 삼국 시대에 만들어진 우리나라 석기였다. 서기 100년도쯤 만들어졌다는데 어떻게 깨지지도 않고 삼국 시대를 거쳐 1,900여 년 후 영국에 전시된 걸까? 이 도자기가 여행한 세월을, 만난 사람들을, 이야기를 알고 싶다. 한국 친구를 만난 것 같은 반가운 마음에 그렸다.

드로잉 여행 미션

이 물건이 도대체 어떻게 여기에 왔을지 상상해 보자. 이 삼국 시대 석기는 신라 시대 귀족과 함께 무덤에 묻혀 있었다. 그런데 누군가가 훔쳐서 배를 타고 일본으로, 그리고 일본 사무라이의 선물로 네덜란드에 갔다가 또 누군가가 구매하여 영국으로 오다가, 해적이 훔쳐 가고…. 그런데 어느 수집가가 해적에게 비싼 돈을 주고 샀으나, 병에 걸려 일찍 죽게 되었고, 아무도 모른 채 창고에 백 년 넘게 숨겨져 있었는데, 그 후….
(내 맘대로 상상해 본 내용이다.)

Jar from Korea

삼국 시대 항아리

박물관에서 불꽃에 둘러싸인 네 팔과 두 다리의 신을 마주쳤다. 바로 시바 나타라자. 불꽃의 고리 한가운데 서서 신기하게 균형을 잡은 이 동상은 오른발로 악마를 밟고 있다. 오른손에 든 작은 북은 창조를, 왼손에 든 불꽃은 파멸을 의미하며, 나머지 두 손은 보호와 평화를 뜻한다. 또한 오른발은 안정을, 왼발은 휴식을 표현하고 있다고. 이 12세기 인도의 청동 작품이 신비롭고 흥미로워 그리기 시작했지만, 네 개의 팔과 원형 속 자세를 그리는 게 생각보다 어려웠다. 교복을 입고 지나가던 어린이가 동상을 보며 중얼거리던 말도 함께 적었다. "내 생각에 붓다는 원을 참 좋아해."

Śiva Naṭarāja
시바 나타라자

ŚIVA NATARÁJA
Bronze 12th century
South India. Late
Chola Period

I think,
"Buddahs really
like a circle"
a school boy

CABINET

About 1620, England

The wood is English but the decoration copies that on lacquer cabinets made in Asia. It combines the naturalistic look of Japanese with the geometr[y] of Indian and Islamic wo[rk]

LEVEL 2

이 작은 캐비닛에는 여러 나라의 이야기가 담겨 있다. 영국에서 만들어졌지만, 프랑스에서 유행했던 스타일이고, 일본 자개, 인도의 기하무늬, 이슬람의 장식이 어우러져 있다. 한 시대, 한 장소에서 만들어진 물건인데도, 서랍을 열면 전 세계가 펼쳐질 것 같은 기분이다.

드로잉 여행 미션

이 캐비닛 서랍 속에 들어 있을 법한
여러 나라의 물건을 상상해서
하나씩 적거나 그려 보자.

캐비닛
Cabinet

2008 at V&A Café
A Sugar Jar

2008 at V&A Café

세계 최초의 박물관 카페인 V&A 카페는 1868년에 문을 열었다. 카페는 세 개의 방으로 구성되어 있는데, 19세기 영국을 대표하는 예술가 제임스 갬블, 에드워드 포인터, 윌리엄 모리스가 각각 디자인을 맡았다. 이후 이들의 이름을 따서 방의 이름이 지어졌다.

내가 드로잉한 공간은 그중 가장 넓은 '갬블룸(Gamble Room)'이다. 이 방은 제임스 갬블이 디자인했는데, 둥근 조명과 세라믹 기둥, 스테인드글라스 창문이 어우러져 화려한 빅토리아풍의 분위기를 자아낸다. 방문객들은 트레이를 들고 무엇을 먹을까 고민하며 음식을 고른 뒤, 마음에 드는 자리를 찾아 앉는다. 이곳에서는 영국식 홍차와 함께 레몬 케이크, 혹은 스콘에 클로티드 크림과 잼을 곁들인 클래식한 메뉴도 맛볼 수 있다.

150년이 넘는 세월 동안 박물관을 방문한 수많은 사람이 이곳에서 차를 마셨다고 생각하니, 새삼 경이롭게 느껴진다.

프랑스의 허디거디라는 악기다. 마리 앙투아네트가 베르사유에서 우유 짜는 소녀 역할놀이를 하며 연주했던 악기라고 한다. 악기 윗부분에는 우유 짜는 소녀처럼 생긴 조각이 달려 있고, 그 아래 여섯 개의 줄감개는 마치 소젖 같기도 하다. 악기 전체가 화려한 자개로 장식되어 있다. 눈으로 화려함을 좇으며 그리는 것은 복잡하지만, 오히려 쉽기도 하다. 너무 많은 정보가 있기 때문에 삐뚠 드로잉 실수 정도는 사소해서 눈에 띄지 않는다. 잘 그리는 것보다 "갖고 싶은 것을 모두 샅샅이 보고 말 테야."라는 마음가짐으로 그리면, 복잡함도 유희가 된다.

드로잉 여행 꿀팁

중요한 건 잘 그리는 게 아니라, 보고 싶은 것을 눈으로 마음껏 따라가는 것이다. 장식을 하나하나 따라가다 보면 그 자체가 놀이가 된다. 잘 그리겠다는 부담보다, 보고 싶은 걸 다 그려 보겠다는 마음이면 충분하다.

허디거디

Hurdy Gurdy

LEVEL 3

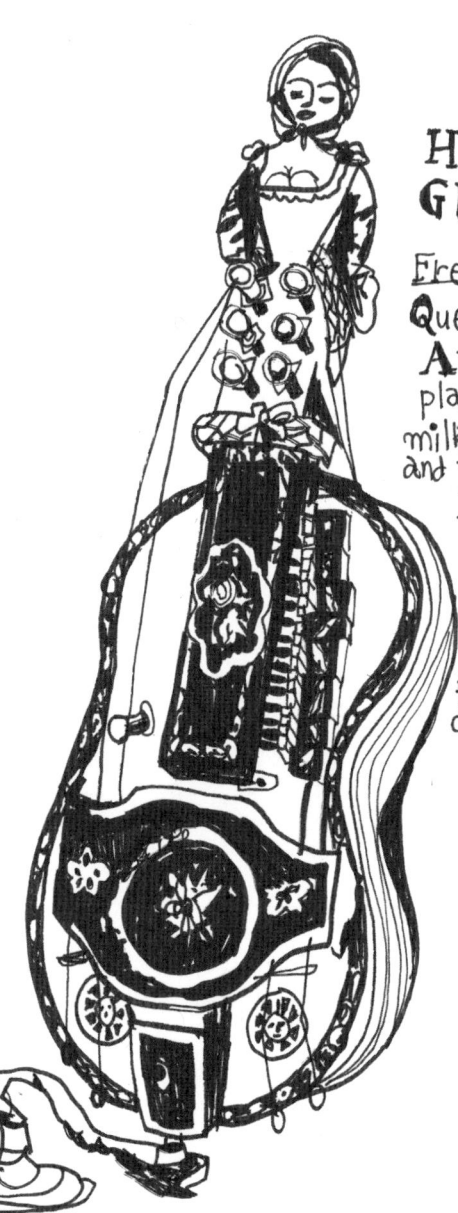

HURDY GURDY

French, 1770

Queen Marie-Antoinette of France played at being a milk-maid at **Versailles** and **Rambouillet**, very much a pastoral instrument, become fashionable in **Paris** salons during this period.

SILVER

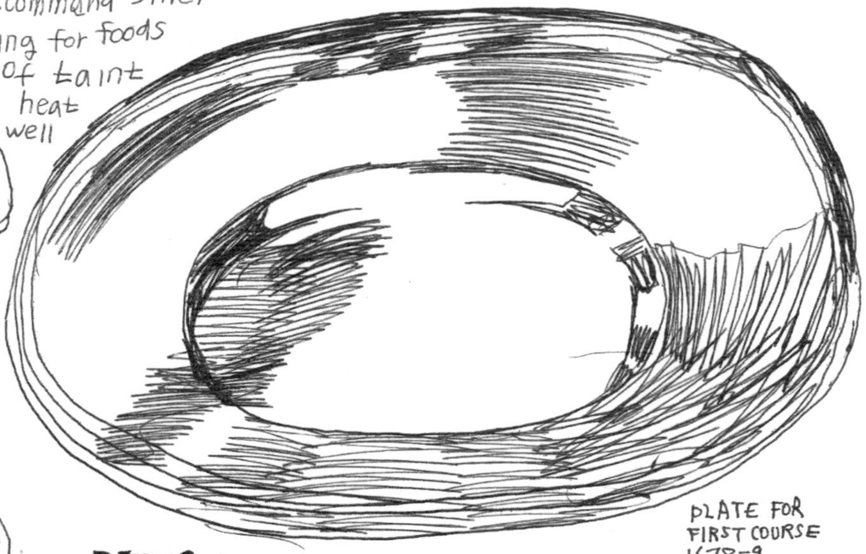

PLATE FOR FIRST COURSE 1678-9

DINING BEFORE 1700

Food was cut with a knife and eaten with a spoon or fingers until the table-fork was introduced from France in the mid 17th century.

SPOON 1689-90

TWO-PRONGED FORK 1690

Stuart recipe books recommend silver for preparing and heating for foods because it was free of taint hygenic and conducted heat well

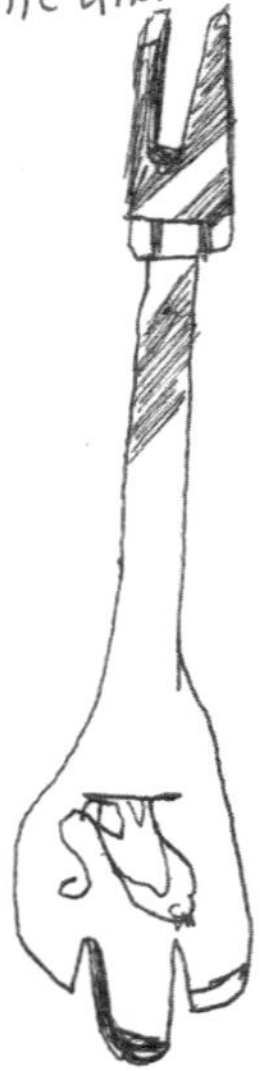

17세기 스튜어트 왕가 시대, 영국에서는 음식 준비와 보온·위생을 위해 은식기를 사용했다.
프랑스에서 포크가 보급되기 전까지, 영국 사람들은 칼로 음식을 잘라 스푼이나 손가락으로
먹었다고 한다. 우리에게 너무 당연한 물건인 포크도 어느 시대엔 발명품이었다니 신기하다.

드로잉 여행 꿀팁

드로잉 여행지로 박물관이
최고인 이유 중 하나는
다른 관광지에 비해 화장실이
여유롭고 깨끗하기 때문이다!
하루 종일 밖을 돌아다니는
여행자에겐 중요한 정보다.
(포크 이야기하다가 화장실
이야기해서 죄송합니다.)

편안

Dining Before 1700

1700년도 이전 식기

SILVER

이 양념통 세트는 17세기 말에 프랑스에서 등장해 영국으로 건너왔다. 은으로 만든 받침대 위에 반짝이는 설탕·후추·안초비 등의 병이 놓여 있다. 우리나라 냉면집의 소박한 양념 세트와 전혀 다른 모습에 웃음이 났다. 특히 작은 병 위에 'KETCHUP'이라고 적힌 글씨가 눈에 띄었는데, 여기서 말하는 케첩은 버섯·오이·토마토 즙을 섞은 소스였다. '케첩'이라는 단어도 중국어로 절인 생선 소스를 뜻하는 말에서 유래했다고 한다. 단어가 세계를 누비며 변화하는 것이 재미있다. 박물관에서 시간과 공간을 넘나들며 서로 영향을 주고받아 만들어지는 문화를 찾아보는 것이 흥미롭다.

양념통 세트
Cruet Frame Set

LEVEL 3

CRUET FRAME SET
London, 1810-11

'However handsome a cruet stand may be, it should never be placed on the dinner table, its proper place is the sideboard'. *Maners & Tone of Good Society*, etiquette book

The word 'KETCHUP' is said to have come from the chinese for the brine of pickled fish.

1988년에 파리에서 만들어진 이 의자는 다리가 오직 세 개뿐이고, 형태도 문양도 재질도 아주 과감하다. 나는 의자 스스로가 자신을 뽐내려는 모습에 끌려 그림을 그리기 시작했다. 디자이너는 미니멀하고 지겨운 기존의 의자 디자인에 반발하여 이 작품을 만들었다고 한다. 머리도 엉덩이도 다리도 아주 씰룩씰룩하고 통통 튀는 이 의자를 고전적인 V&A 박물관에서 그리고 있으니 반항적이고도 신기한 기분이 든다.

드로잉 여행 꿀팁

드로잉 여행은 혼자 가는 것을 추천한다. 하지만 여행지에서 친구와 함께 드로잉을 한다면, 그림에 집중한 채 수다를 떨 때 (눈, 입, 손이 따로 놀 때) 예상치 못한 마음의 이야기가 튀어나오는, 놀라운 순간을 경험할 수 있다.

파리 의자
Chair from Paris

LEVEL 3

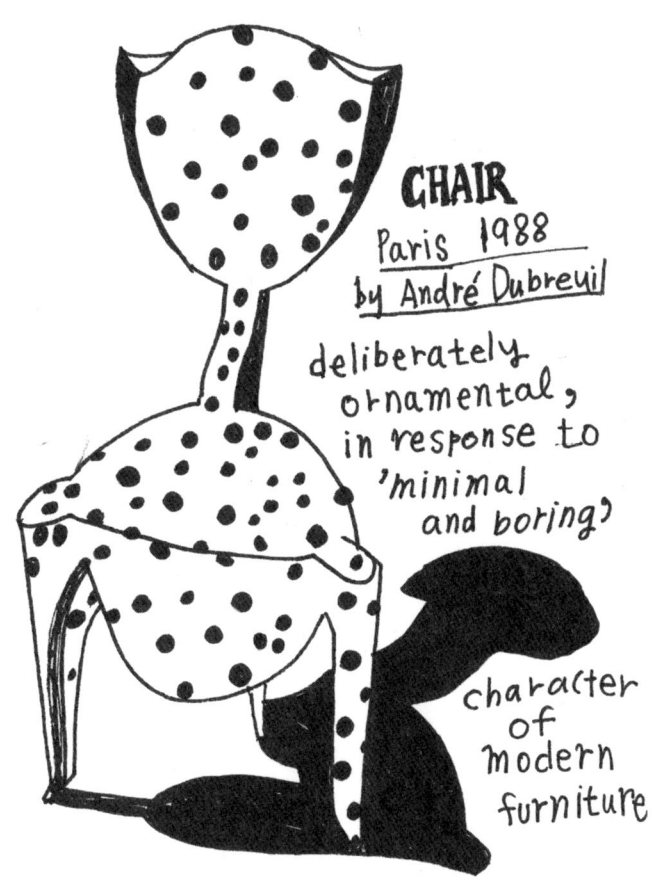

CHAIR
Paris 1988
by André Dubreuil

deliberately ornamental, in response to 'minimal and boring' character of modern furniture

Radio & Lamps

"These are outstanding design products"
anonymous school teacher pass by

BUSH MODEL DAC 90
London, Great Britain 1946

launched at the 'Britain Can Make It' exhibition of 1946 and later become one of the most popular post-war sets.

DAC90은 1946년 영국의 부시(Bush)사가 만든 라디오다. 이 라디오는 V&A 박물관의 'Britain Can Make It' 전시회에 출품되어, 석 달 동안 140만 명이 넘는 사람들에게 소개되었고, 전쟁이 끝난 후 영국의 대표적인 가정용 라디오로 큰 사랑을 받았다. 나는 전자 제품이지만 가구처럼 단단하고 부드러워 보이는 이 갈색 라디오의 매끈한 선을 그려 보고 싶었다. 조심스럽게 그 선을 따라 그리고 있을 때, 지나가던 한 학교 선생님이 초등학생들에게 말했다. "이것은 뛰어난 디자인 작품이야." 그들은 전시관을 바쁘게 지나갔고, 내 선도 조용히 지나갔다.

드로잉 여행 꿀팁

사람들의 시선은 걱정하지 말라.
가끔 뒤에서 말을 시키거나
쳐다보지만, 걱정할 필요는 없다.
사람들은 대부분 1~2분이면
사라진다. 20분 동안 한 작품 앞에
서 있는 사람은 정말 드물다.
아니, 본 적이 없다.

Bush DAC90 라디오

Bush Model DAC90 Radio

16세기 스위스 혹은 독일에서 제작된 이 금색 유골함에는 한때 성인의 머리뼈 유골이 담겨 있었다고 한다. 다행히 지금은 비어 있단다. 나른한 표정의 성 야누아리오 두상은 금색으로 도금되어 있고, 수염으로 바닥을 지탱한 채 서 있다. 성인의 이마에 박혀 있는 커다랗고 동그란 보석은 마치 달빛을 품은 듯한 빛을 띠는데, 바로 문스톤(Moonstone)이라고 한다. 조금, 아니, 아주 이상하고 기괴하지만, 한편으로 성스럽게 느껴진다. 도대체 이게 뭐지? 의아하고도 묘한 마음으로 그려 보았다.

성 야누아리오의 머리 유골함

Reliquary Head of St. Januarius

LEVEL 3

Reliquary Head of St Januarius
Switzerland or Germany, 1500-50

This realistically modelled reliquary is now empty, but it probably once held a relic of the saint's head.

PORTRAIT Miniatuture
<u>Hans Holbein 1497-1543,</u> About 1540

Jane Small and her husband Nicholas Small, a wealthy London merchant, lived in the neighbouring parish to **Hans Holbain**

LEVEL 3

이렇게 예쁜 미니어처 초상화는 누군가의 목걸이였을까? 아니면 장식품이었을까? 16세기 영국의 화가들은 주로 귀족의 장례식을 위해 인물화를 그렸다고 하는데, 이 작품은 화가 한스 홀바인이 이웃 상인 부부를 위해 그린 것이라고 한다. 그림 속 주인공인 제인 스몰 부인은 약혼을 상징하는 빨간 카네이션을 들고 있다. 이 초상화는 남편이 약혼 선물로 주문한 것일까? 아내 스스로가 의뢰했을까? 아니면 이웃 예술가 한스 홀바인이 선물했을까? 정확한 사연은 알 수 없지만 작은 그림도, 동그란 프레임도 너무 예쁘다. 나는 갖고 싶어서 그렸다.

드로잉 여행 미션

갖고 싶은 물건이 있으면 직접 그려 보자. 눈과 선으로 그 물건을 오롯이 담아내고 스케치북에 그리면, 어느새 내 것이 된 것 같은 뿌듯한 마음이 든다. 실제로 드로잉이라는 기념품도 남는다.

미니어처 초상화

Portrait Miniature

다이아몬드가 빼곡히 박힌 이 왕관은 1850년대에 런던데리 가문의 소유물로 만들어졌다. 테레사 런던데리 부인이 빅토리아 여왕 즉위 60주년 파티에서 착용하였고, 이후에는 종종 왕실 행사에 대여되었다. 지금도 이 왕관은 런던데리 가문의 보물이다. 나는 수많은 다이아몬드의 반짝임을 어떻게 그릴지 고민하며 펜을 들었다. 그때, 지나가던 여학생이 내 그림을 슬쩍 보더니, 런던데리 왕관을 가리키며 말했다. "It's all diamonds, cool."

드로잉 여행 꿀팁

드로잉할 때 들리는 음악, 사람들의 대화, 안내 방송, 알 수 없는 외국어 등을 짧게 적어 두면 먼 훗날에도 그날의 분위기를 떠올릴 수 있다.

The Londonderry Tiara

런던데리 왕관

LEVEL 3

The Londonderry Tiara
London 1850-80

Diamonds set in silver on a gold frame it can be mounted with pear-shaped pearls. In 1897 Theresea, wife of the 6th Marquess wore it to the Devonshire House Ball to mark Queen Victoria's Diamond Jubilee.

"It's all diamond cool"
ah american accent girl

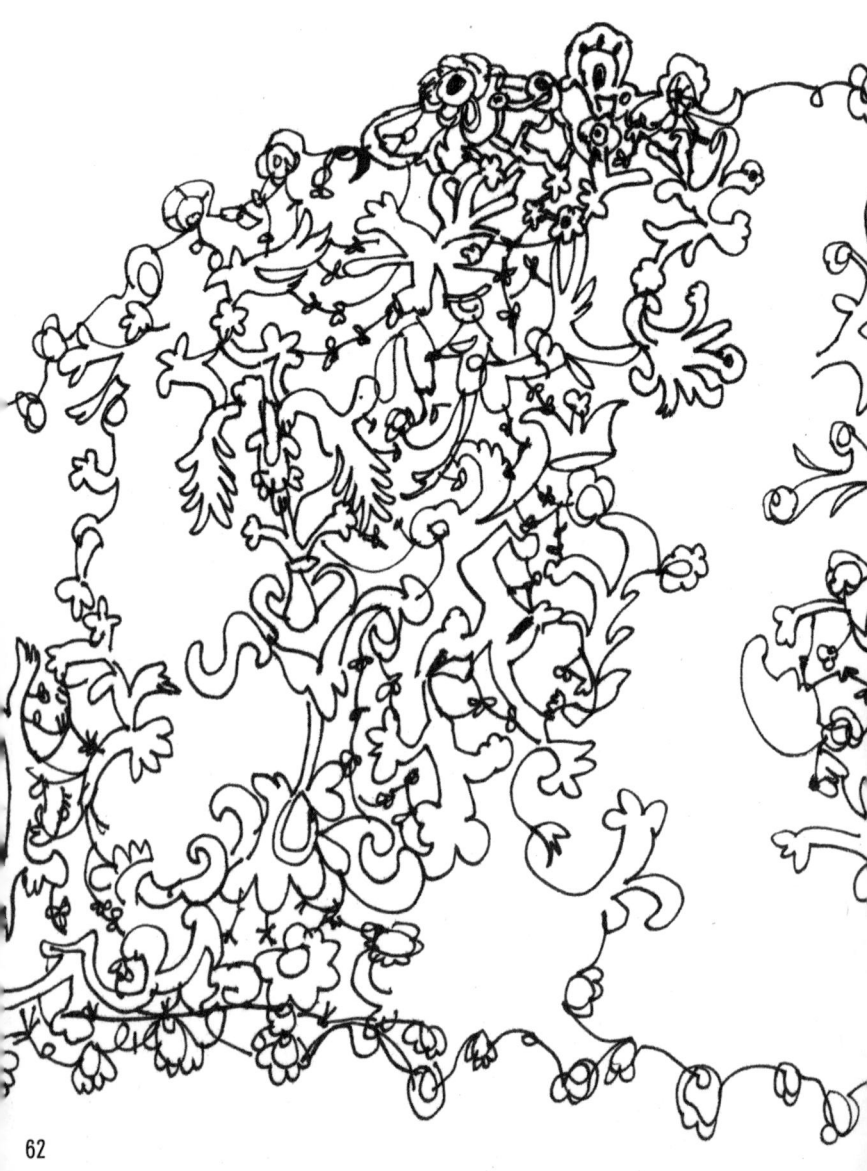

FRELANGE WITH LAPPETS

Needle lace. Italian. Venetian, 17th

Frelange or Frelan was the contemporary name given to the high, stiffened headdress worn by fashionable wome

LEVEL3

17세기에 유행한 여성용 머리 장식을 프렐랑주(Frelange)라고 부른다. 내가 그린 이 프렐랑주는 베네치아에서 리넨 실을 레이스 바늘로 짜 만든 것이다. 숙련된 누군가가 하나하나 바느질로 무늬를 만들어내는 걸 상상하며 드로잉을 시작했다. 20분 안에 이 복잡하고 섬세한 레이스를 전부 그리진 못했지만, 눈으로 바늘이 지나간 다양한 경로를 따라가며 펜을 움직이는 일은 꽤 즐거웠다. 스케치북은 거의 보지 않은 채, 눈은 프렐랑주의 레이스를, 손은 스케치북을 자유롭게 지나갔다. 그냥 그 자체로 충분히 신나는 경험이었다.

레이스 머리 장식

Frelange with Lappets

Chair of Laminated Bentwood
1836-40 Germany. designed by Michael Thonet

This veneered chair belies its innovative construction. The curves made by sandwiching thin layered of wood together to laminate. Thonet's invention paved the way for the mass production of Bentwood furniture.

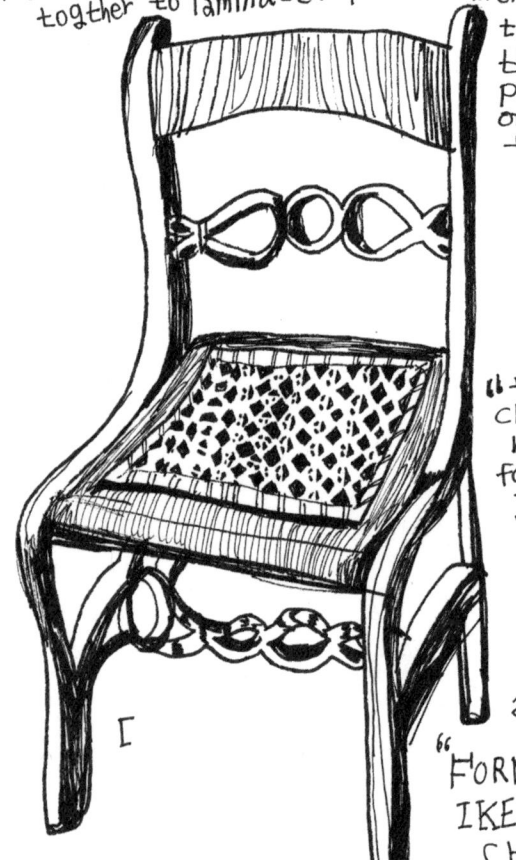

"this chair was former Ikea version"

a museum guide

"FORMER IKEA VERSION CHAIR"

a guide says;

LEVEL 3

이 의자는 독일의 가구 디자이너 미하엘 토넷이 디자인했다. 나무를 얇게 켜서 겹겹이 붙인 래미네이트를 구부리는 방식으로 만들어졌다고 한다. 1830년대 당시, 이 방식은 가볍고 튼튼하며, 저렴하게 가구를 대량 생산할 수 있는 혁신적인 기술로 여겨졌다. 한 무리의 관람객이 지나갈 때, 가이드가 말했다. "이게 이케아 의자의 예전 버전이죠." 그 말을 듣고 나도 모르게 혼자 웃었다. 정말로 이 의자는 현대식 가구 생산의 시작을 보여 주는, 이케아의 조상같은 존재다. 우리나라 카페에서도 토넷 체어는 흔히 보이지만, 이렇게 곡선의 등받이와 포도나무처럼 생긴 다리를 가진 디자인은 처음 보았다. 나는 의자가 가장 조형적인 가구라고 생각한다. 누군가가 머물 수 있는 조용한 조각 같기도 하다.

드로잉 여행 미션
의자 드로잉은 꼭 해 보길 추천한다!
어떠한 의자든, 마음에 들어오는
의자가 있다면!

Chair of Laminated Bentwood

래미네이티드 벤트우드 의자

런던을 걷다 보면 궁전의 담장, 오래된 집 주변에 놓인 까만 철제 펜스를 종종 마주치게 된다. 런던의 밋밋한 회색 하늘 아래 닿은 철제 펜스가 나에게는 때때로 드로잉 선처럼 보인다. V&A 박물관의 철 공예 전시실에서, 나는 그 선과 닮은 철제 패널을 만났다. 처음엔 펜스인 줄 알았지만, 그것은 1700년대 길드나 도시에서 의장 지팡이나 검을 거치하기 위해 만든 장식용 패널이었다. 교차하는 문양이 멋스럽고 권위적이다. 이 검은 쇠의 멋진 선을 꼭 그려 보고 싶었다.

드로잉 여행 미션

거리를 걷다가 드로잉 선처럼
보이는 것이 있을까?
때로는 나뭇가지, 담장의 펜스,
전선의 그림자를 따라 그려 보자.

Panel 칼 받침대 패널

PANEL from a mace or sword-stand
England; 1700

The crossed sceptres indicate that this was part of a stand to hold the mace or sword of a guild or city company.

CHAIR for the House of Commons
Palace of Westminser
About 1850

A strong rivalry between Classical and Gothic styles ensued. Charlie Barry's Gothic design was the winner.

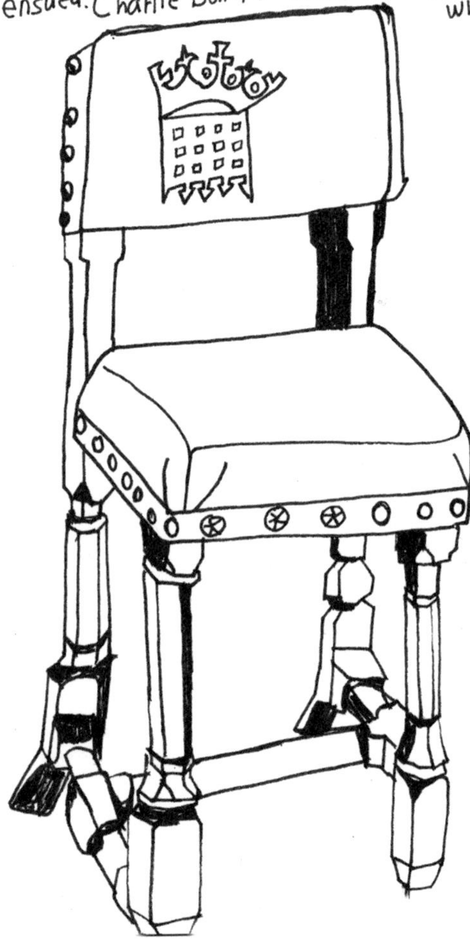

LEVEL 4

이것은 영국 국회의 하원 의원들이 사용하는 의자다. 국회가 자리한 웨스트민스터에는 지금도 이 의자가 2,500개 넘게 있다고 한다. 1850년대에는 국회 의자 디자인을 두고 클래식과 고딕 양식이 경쟁했는데, 결국 고딕 스타일이 채택되어 오늘날까지 사용되고 있다. 고딕 디자인 의자의 다리 각을 따라 그리는 일은 즐거운 경험이었다. 국회에서 기성품이 아닌, 국회용 의자를 굳이 디자인한 오랜 역사가 멋지게 느껴졌다. 그러다 문득, 우리나라 국회 의자 디자인의 역사도 궁금해졌다.

영국 하원 의원 의자

Chair for the House of Commons, Palace of Westminster

1851년, 런던 하이드 파크에 거대한 유리 건물인 '크리스털 팰리스'가 세워졌다. 그리고 그곳에서 만국 박람회가 열렸다. 빅토리아 여왕과 남편 앨버트 공이 깊이 관여한 이 전시는 영국과 세계 각국의 산업, 예술, 과학을 한자리에 모았다. 이 머그잔은 만국 박람회를 기념하기 위해 만들어진 기념품이다. 머그잔에는 크리스털 팰리스를 배경으로, 먼 나라에서 온 듯한 이국적인 옷차림의 인물들이 그려져 있다. 2000년대 V&A 박물관을 방문한 한국인인 나는, 1851년에 이 전시를 보러 온 수많은 외국인을 상상하며 기념품을 바라본다. 시대를 넘어 이어지는 작은 공감이 즐겁다.

만국 박람회 기념 머그잔

Commemorative Mug

LEVEL 4

1851 COMMEMORATIVE MUG
At the Great Exhibition, mug became a popular exhibition souvenir.

JARDINERES or plant stands
A.W.N Pugin, 1850, LONDON

These plant stands were designed for the Medieval Court, one of the most popular areas of the Great Exhibition.

LEVEL 4

1851년 만국 박람회에서 '중세관'은 가장 인기 있는 전시관이었다. 이 화분은 중세관을 위해 디자인되었다. 화분의 식물 문양은 고딕 특유의 장식미가 있다. 크리스털 팰리스 천장을 뚫고 들어온 햇살과 이 화분에 담긴 나무들을 상상해 본다. 고딕 문양을 따라 그리다 보면 아무리 집중해도 나의 선은 흐트러지고, 대칭은 어긋난다. 그런데 그 어긋남이 의외로 즐겁다. 딱 떨어지는 패턴보다, 내가 그린 살아 있는 드로잉 선이 더 마음에 든다.

Jardineres 만국 박람회 중세관 화분

PLATE
1887. made for the Golden Jubilee

It commemorates the 50th anniversary of Queen Victoria's accession to the throne. The image of Queen Victoria is similar to that found on postage stamps of the time.

LEVEL 4

이 접시는 영국 우스터 시장이 1887년 빅토리아 여왕의 즉위 50주년(골든 주빌리)을 기념하여 만든 것이다. 접시 한가운데 그려진 여왕의 옆모습은 그 당시 우표에 실렸던 여왕의 초상화와 비슷하다고 한다. 빅토리아 여왕을 기념하는 물건들을 바라보고 있으면, 그녀의 취향이 가득한 공간에 들어선 기분이 든다. 조용한 영국 전시관에서 혼자 이것저것 그리다 보니, 나도 그 시대로 돌아간 듯한 느낌이다.

드로잉 여행 미션

마법 같은 순간 느끼기: 박물관에서 드로잉을 하다 보면, 전시실에 혼자 남는 순간이 찾아온다. 잠깐이지만 전시실이 '내 방' 같고, 나도 '그 시대' 인물이 된 것 같다.

Plate
빅토리아 여왕 즉위 50주년 기념 접시

이 고블릿 잔은 17세기 이탈리아의 베네치아에서 만들어진 것으로 추정된다. 전형적인 베네치아 스타일의 잔으로, 와인을 담는 용도였다고 한다. 손잡이는 파란 해마 두 마리가 감싸안은 형태이고, 나는 이 해마가 마음에 들어서 그렸다. 반짝반짝한 유리 공예품이 모여 있는 글라스 갤러리는 마치 누군가의 보물 창고 같다.

드로잉 여행 미션

표지 꾸미기: 스케치북이 완성되면 앞표지에 여행지 이름, 날짜, 그리고 간단한 제목을 써 보자.
예: "2025 봄 드로잉 여행", "경주 박물관 그림" 등. 책장에 꽂혀 있으면 제목만 봐도 한눈에 추억이 떠오른다.

Goblet 장식 고블릿 잔

LEVEL 4

Goblet
moulded, applied and tooled decoration
Netherlands or Italy (Venice); 17th century

A typical Venetian style was the "tazza", very shallow goblet used for wine. Stems were plain or twisted, or decorated with "sea-horse" wings.

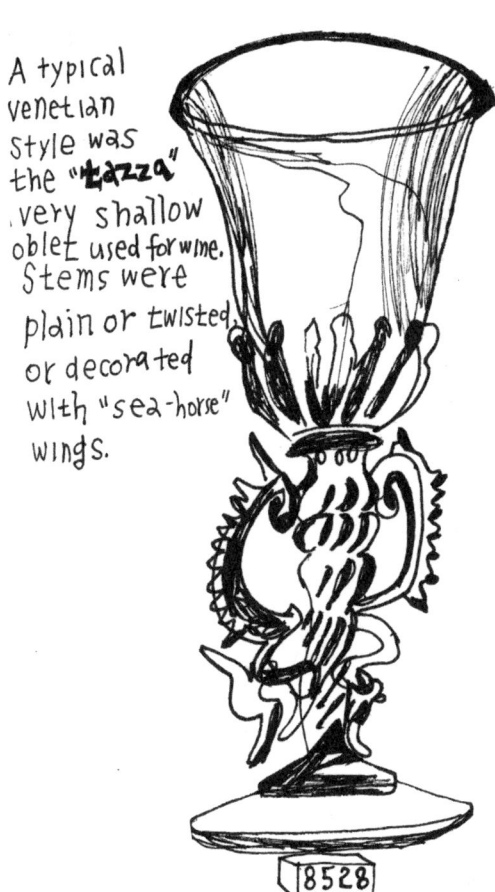

8528

Epilogue
에필로그

물건인 듯 작품인 듯 다채로운 V&A 박물관의 소장품을 그리다 보니, 전시관 한쪽에 놓인 갤러리 스툴에 눈길이 갔다. 그림을 그리거나 작품을 감상할 때 사용하라고 박물관에 비치해 둔 의자였다. 찾아보니 스웨덴에서 디자인한 갤러리용 의자란다. 박물관 비품조차 아름답다니, 부럽다. 이 의자 역시 백 년 후쯤에는 V&A 박물관의 어느 전시관 유리 너머로 들어가지 않을까? 웃기고 재미있다는 생각이 들어 미소 지으며 이 의자를 그려 보았다. 작품을 볼 줄 아는 나의 안목이 어쩐지 뿌듯하다.

이렇게 나의 V&A 박물관 드로잉 여행이 끝났다.

2008년에 그렸던 박물관 드로잉을 우연히 꺼내 보게 되었고, 2025년에 이렇게 책으로 엮게 되어 참 기쁘다. 아마도 사진이었다면 기억나지 않았을 것이다. 하지만 매번 20분을 들여 그렸기에, 그 시간의 공기, 그림을 그리고 있던 나의 모습, 눈을 마주쳤던 전시품들, 그리고 지나가던 목소리까지도 문득문득 떠오른다.

그림은 기억을 오래 머물게 한다.

a very ~~The most~~ beautiful object rarely stops people for 20 minutes just to observe it.

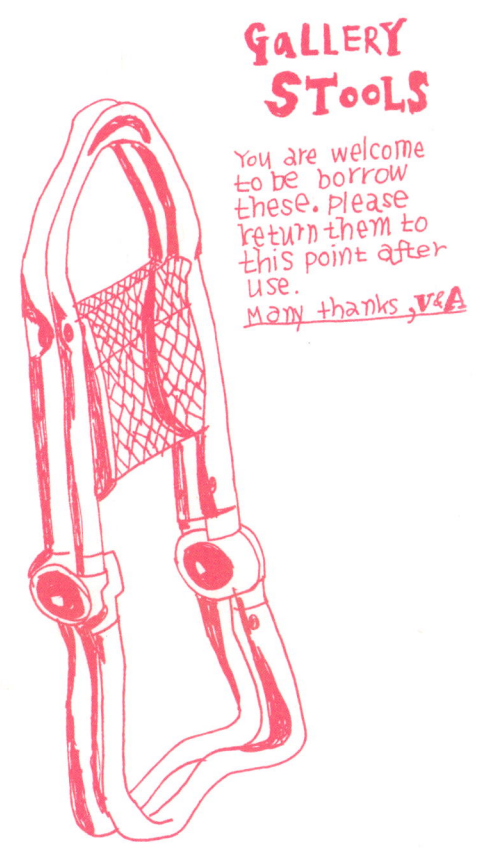

GALLERY STOOLS

You are welcome to be borrow these. please return them to this point after use.
Many thanks, V&A

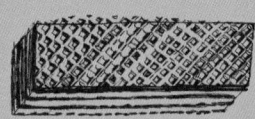

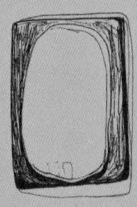

그 밖의
물건들

영국에서는 특정 브랜드가 왕실에 제품을 공급할 자격을 얻게 되면 'Royal Warrant
(왕실 인증)'을 받을 수 있다. 오랜 시간 왕실이 사용해 온 제품에는 "By appointment to
Her Majesty the Queen"이라는 문구와 함께 왕실 문장을 사용할 수 있는 자격이 주어진다.

영국 슈퍼마켓에서 자주 볼 수 있는 'HP 소스'와 'Colman's 머스타드'는 왕실 인증을 받은
대표적인 제품이었다. HP 소스는 이름처럼 'Houses of Parliament(국회 의사당)'에서
유래했으며, 병 중앙에는 실제 국회 의사당 그림이 그려져 있다. Colman's 머스타드는
1814년부터 노리치에서 만들어져, 지금까지도 영국인들의 샌드위치에 널리 사용된다. 또한
'Cadbury 초콜릿'은 소설 '찰리와 초콜릿 공장'의 모델이 된 브랜드인데, 1854년 빅토리아
여왕에게 왕실 인증을 받은 후 170년 동안 그 지위를 유지했다. 영국의 유명 과자 브랜드인
'맥비티즈(McVitie's)'는 과거 왕실의 케이크를 만든 적도 있으며, 맥비티즈 다이제스티브
역시 왕실 납품 비스킷이다.

처음에는 디자인이 기념품 같고 예뻐서 무심코 그리기 시작했는데, 그리다 보니 왕실 문장이
눈에 들어왔다. 사자와 유니콘, 왕관과 깃발 같은 상징들이 식료품에 담겨 있다는 사실이
인상 깊었다. 그래서 제품과 함께 그 문장도 어울리게 그려 보았다. 무엇보다 왕실에서 쓰는
물건이 동네 마트 진열대에 함께 놓여 있다는 사실이 묘하게 재미있었다.

"Now available at Tesco."
전통과 일상이 함께 있는 장면, 그 사이를 즐겁게 그려 보았다.

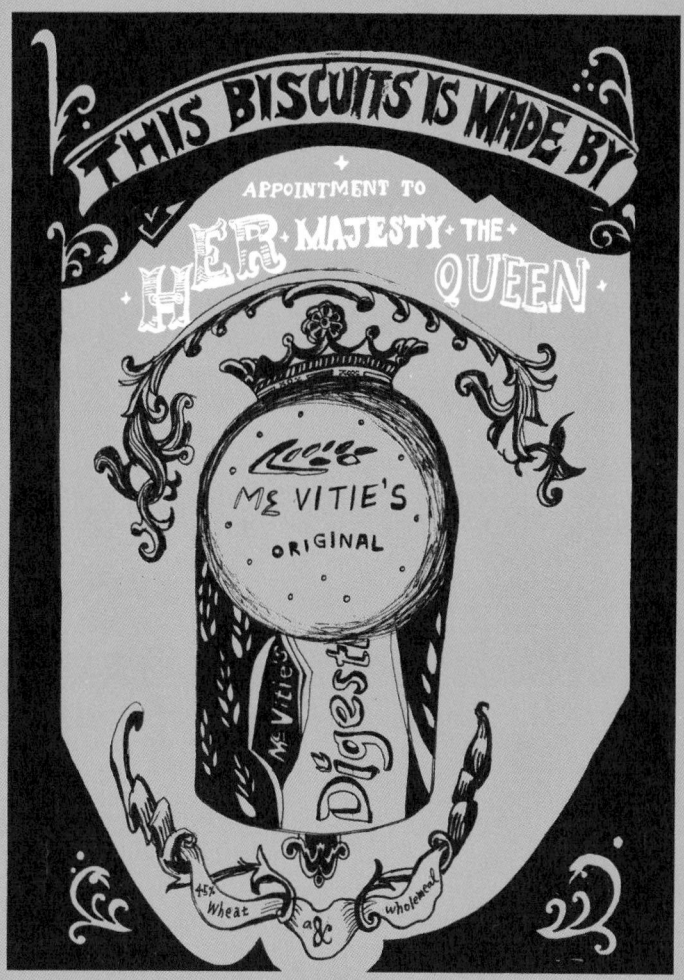

THERE ARE NO DIGESTIVE BISCUITS NICER THAN MCVITIES

Ingredients: wheat flour, partially hydrogenated vegetable oil, sugar, wholemeal, cultured skim milk, partially inverted sugar syrup, raising agent, glucose syrup, salt

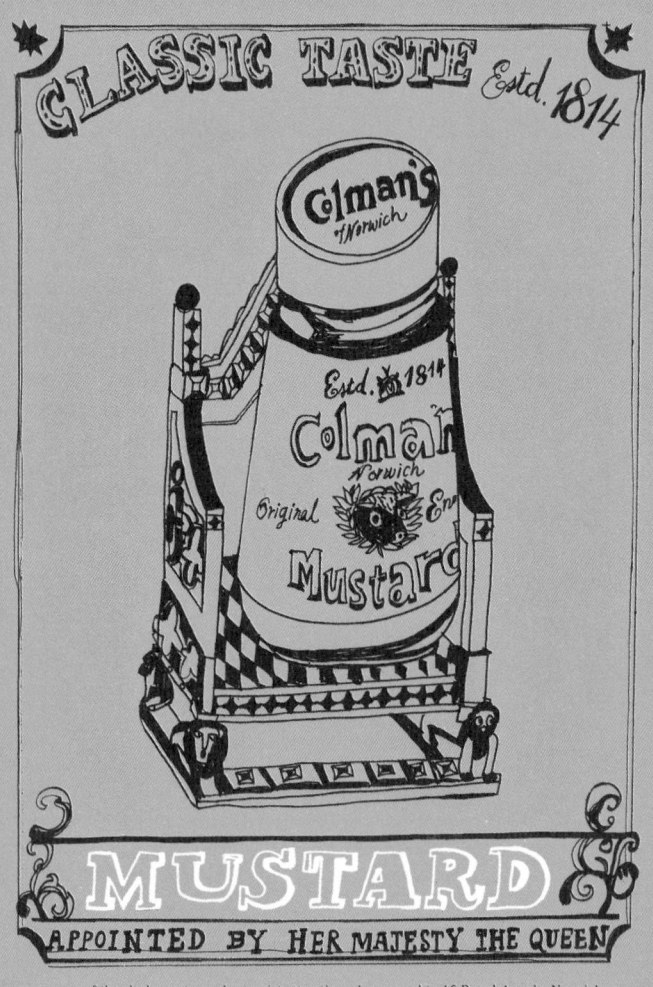

one of the city's most popular tourist attractions, has moved to 15 Royal Arcade, Norwich

THE COLMAN'S MUSTARD SHOP IN NORWICH
15 Royal Arcade, Norwich, Norfolk NR2 1NQ

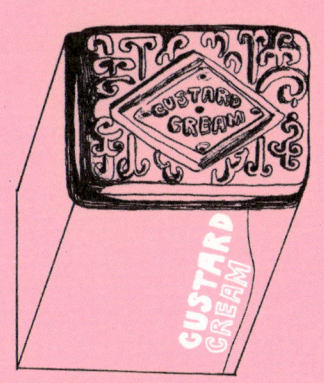

V&A 박물관 찾아보기

현 작품명은 V&A 박물관 공식 홈페이지 정보를 반영했습니다.
현 전시 위치는 2025년 6월을 기준으로 작성했습니다.
스마트폰 카메라로 큐알 코드를 스캔하면 작품 사진과 상세 정보를 확인할 수 있습니다.

[Level 0]
14페이지, 페레르 가문 접시
현 작품명: Dish, 1639 (made)
현 전시 위치: 사전 예약 후 관람 가능

16페이지, 탁상시계
현 작품명: Table Clock, 1742-1745 (made)
현 전시 위치: Europe 1600-1815, Room 3

[Level 1]
18페이지, 롯의 아내
현 작품명: Lot's Wife. Sir W. Hamo Thornycroft, R. A. (1850-1925)
현 전시 위치: 찾을 수 없음

18페이지, 청동기 시대
현 작품명: The Age of Bronze (L'Age d'Airain), Statue, 1880-1914 (cast)
현 전시 위치: Sculpture, Room 21, The Dorothy and Michael Hintze Galleries

18페이지, 세례자 요한
현 작품명: St John the Baptist, Statue, 1881 (made)
현 전시 위치: Sculpture, Room 21, The Dorothy and Michael Hintze Galleries

18페이지, 돌아온 탕아
현 작품명: The Prodigal Son, Statue, ca. 1885-1887 (made)
현 전시 위치: Sculpture, Room 21, The Dorothy and Michael Hintze Galleries

22페이지, 파이선과 씨름하는 운동선수
현 작품명: Athlete Struggling with a Python, Statuette, ca. 1874 (made)
현 전시 위치: 전시되지 않음

26페이지, 웨딩드레스
현 작품명: Dress, ca. 1830 (made)
현 전시 위치: 사전 예약 후 관람 가능

28페이지, 브로치
현 작품명: Brooch, 19th century (made)
현 전시 위치: South Asia Gallery, Room 41

30페이지, 황동 나침반
현 작품명: Compass, ca. 1800-1875 (made)
현 전시 위치: Islamic Middle East, Room 42, The Jameel Gallery

32페이지, 꽃무늬 주전자
현 작품명: Lidded Ewer, 1368-1398 (made)
현 전시 위치: China, Room 44

34페이지, 도마루 스타일의 갑옷
현 작품명: Suit of Armour, ca. 1800 (made)
현 전시 위치: 사전 예약 후 관람 가능

36페이지, 삼국 시대 항아리
현 작품명: Jar, 100 (made)
현 전시 위치: 사전 예약 후 관람 가능

38페이지, 시바 나타라자
현 작품명: Shiva Nataraja, Lord of the Dance, Bronze Sculpture, 12th century (made)
현 전시 위치: South Asian Sculpture, Room 47b

[Level 2]
40페이지, 캐비닛
현 작품명: Cabinet, ca. 1620 (made)
현 전시 위치: British Galleries, Room 56, The Djanogly Gallery

[Level 3]
46페이지, 허디거디
현 작품명: Hurdy-gurdy, ca. 1770-1785 (made)
현 전시 위치: Europe 1600-1815, Room 1

48페이지, 1700년도 이전 식기 1)
현 작품명: two pronged fork, 1690
현 전시 위치: 찾을 수 없음

48페이지, 1700년도 이전 식기 2)
현 작품명: spoon, 1689-1690
현 전시 위치: 찾을 수 없음

48페이지, 1700년도 이전 식기 3)
현 작품명: Plate, 1678-1679 (made)
현 전시 위치: Silver, Room 65

50페이지, 양념통 세트
현 작품명: Cruet set, 1810-1811 (made)
현 전시 위치: Silver, Room 67

52페이지, 파리 의자
현 작품명: Paris, Chair, 1988 (made)
현 전시 위치: V&A East Strorehouse

54페이지, Bush DAC90 라디오
현 작품명: Bush DAC90, Radio, 1946 (made)
현 전시 위치: 전시되지 않음

56페이지, 성 야누아리오의 머리 유골함
현 작품명: Reliquary, ca. 1500 (made)
현 전시 위치: Sacred Silver & Stained Glass, Room 84

58페이지, 미니어처 초상화
현 작품명: Mrs Jane Small, formerly Mrs Pemberton, Portrait Miniature, ca.1536 (made)
현 전시 위치: Portrait Miniatures, Room 90a, The International Music and Art Foundation Gallery

60페이지, 런던데리 왕관
현 작품명: The Londonderry Tiara, London 1850-80
현 전시 위치: 찾을 수 없음

62페이지, 레이스 머리 장식
현 작품명: Frelange, 1690s (made)
현 전시 위치: 사전 예약 후 관람 가능

66페이지, 래미네이티드 벤트우드 의자
현 작품명: Chair, 1836-1840 (made)
현 전시 위치: 사전 예약 후 관람 가능

68페이지, 칼 받침대 패널
현 작품명: Panel, ca. 1700 (made)
현 전시 위치: Ironwork, Room 114a

[Level 4]
70페이지, 영국 하원 의원 의자
현 작품명: Chair for the House of commons, Palace of Westminster, about 1850
현 전시 위치: 찾을 수 없음(디자인 드로잉은 관람 가능)

*영국 하원 의원 의자 디자인 드로잉
현 작품명: Sketch designs for the standard chair for the House of Commons contained within a letter to J.G. Crace
현 전시 위치: Prints & Drawings Study Room, level E

72페이지, 만국 박람회 기념 머그잔
현 작품명: Mug, ca.1851 (made)
현 전시 위치: British Galleries, Room 122

74페이지, 만국 박람회 중세관 화분
현 작품명: Jardinière, 1850 (designed)
현 전시 위치: British Galleries, Room 122

76페이지, 빅토리아 여왕 즉위 50주년 기념 접시
현 작품명: Plate, 1887 (made)
현 전시 위치: Ceramics, Room 139, The Curtain Foundation Gallery

78페이지, 장식 고블릿 잔
현 작품명: Goblet, 17th century (made)
현 전시 위치: Glass, Room 131

New Decorative Techniques

TEA AND COFFEE SERVICE
GERMAN (MEISSEN) 1730-35

Hard paste porcelain painted
in underglazed-blue, enamels
and gilt, probably by
    A. F. von Lowenfink

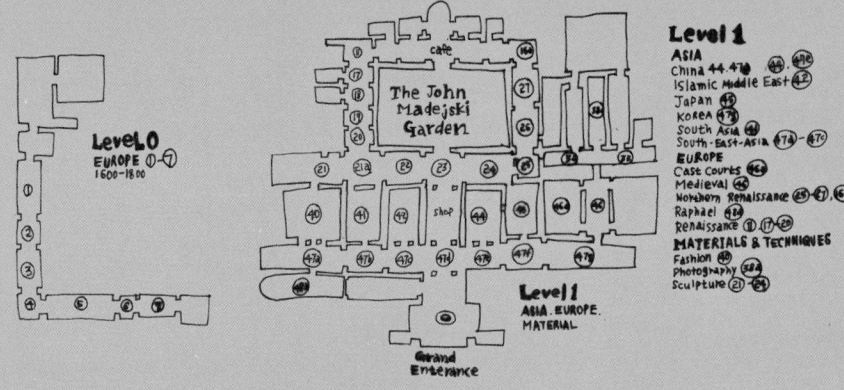

Level 1
ASIA
China 44, 47 (45) (47c)
Islamic Middle East (42)
Japan (45)
Korea (47)
South Asia (41)
South-East-Asia (47A)-(47c)
EUROPE
Cast Courts (46A)
Medieval (44)
Northern Renaissance (25)-(27), (63A)
Raphael (64A)
Renaissance (11), (17)-(29)
MATERIALS & TECHNIQUES
Fashion (40)
Photography (38A)
Sculpture (21)-(24)

Level 2
BRITISH GALLERIES (52)-(58)
1500-1760

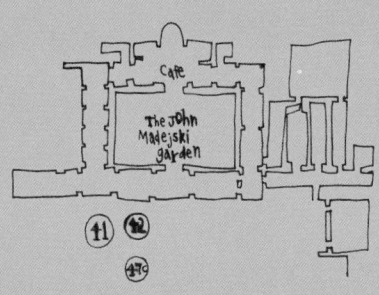

Level 3
MATERIAL & TECHNIQUES
Ironwork (113)-(114E)
Jewellery (91)-(93)
Leighton (102)-(103)
Metalware (116)
Musical Instruments (40A)
Paintings (81)-(82A), (87)-(88A)
Portrait Miniatures (90A)
Prints & Drawings (90)
Sacred Silver & Stained Glass (83)-(84)
Sculpture (111)
Silver (65)-(70A)
Tapestries (94)
Textiles (98)-(100)
MODERN
20th century (70)-(74)
EUROPE
EUROPE & AMERICA (101)
1800-1900

MAP V&1

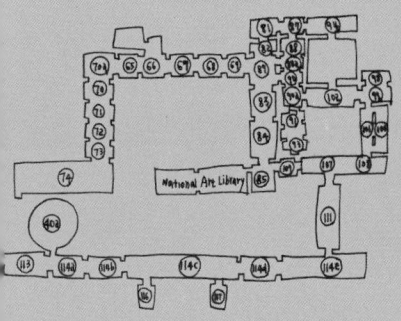

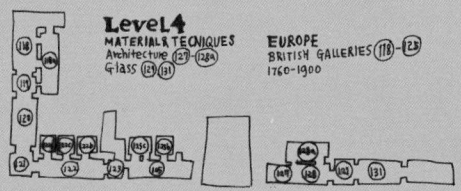

Level 4
MATERIALS & TECHNIQUES
Architecture (127)-(128A)
Glass (129), (131)

EUROPE
BRITISH GALLERIES (118)-(125)
1760-1900

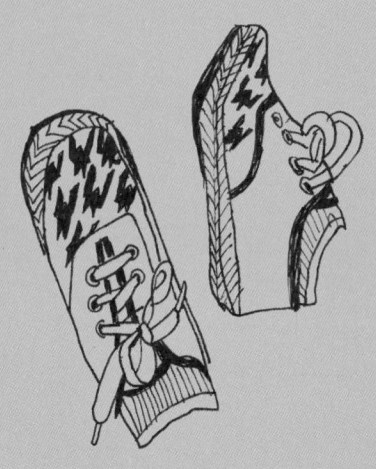

In the 17th century all shoes were 'straights' not shaped for the left or right foot.